AF338464

LE PEUPLE

ET LES

SERPENTS TRICOLORES.

Par E. D*.**

PARIS,

RUE DE LA HARPE, 90.

—

1848

Imprimerie de Édouard BAUTRUCHE, rue de la Harpe, 90.

Citoyens,

Le *Peuple* seul est fort! le *Peuple* seul est grand!... Il doit
être souverain.

Tout récemment, on appelait visionnaires, les hommes généreux qui rêvaient la liberté... Les agents corrompus d'un
pouvoir corrupteur, défiaient l'héroïsme du *Peuple*, niaient
ses vertus et déclaraient l'établissement de la République impossible. Ils parlaient de leurs fortifications, du nombre de
leurs soldats... les insensés! ils oubliaient qu'une armée de
Français ne pouvait consentir à devenir complice de l'oppres-
sion et de l'arbitraire; elle fait meilleur emploi de son cou-
rage. C'est en vain qu'on lui commande des crimes, elle ne
les commet pas; nos soldats ne sont pas des sicaires.

L'événement l'a prouvé. « Notre brave armée a fraternisé
« avec nous, elle a regardé fuir, sans escorte, cet aveugle mo-
« narque qui voulait resserrer nos chaînes, car l'armée c'est
« le Peuple! (1)» c'est la nation organisée pour le combat.

L'armée française, sera toujours animée des mêmes sentiments que le peuple, jamais elle ne se séparera de lui. Sa bra-
voure n'est redoutable que pour les ennemis de la Patrie.

La foudre révolutionnaire a renversé l'idole de la corruption

(1) Ledru-Rollin dans son allocution au peuple.

et du mensonge : la République a été proclamée. Nos clair-voyantes prévisions de l'avenir sont devenues des prophéties.

Le Peuple, peut tout ce qu'il veut ! Aussitôt qu'il élève sa grande voix retentissante comme les éclats du tonnerre, il fait pâlir sur leurs trônes tous les *porte-couronnes*. Quand il est dirigé par le génie de la liberté, ses actes deviennent l'expression des volontés de la Providence.

Peuple de Paris, tu as imprimé à l'Europe une secousse terrible... fais plus encore à cette heure, donne-lui un mémorable exemple.

L'univers a les yeux sur toi ; il faut mériter son admiration et ses sympathies, par la pratique sévère des vertus républicaines.

Il faut que les révolutions aient le résultat des orages ; quand ils bouleversent l'atmosphère, c'est pour la purifier.

PEUPLE.

Si, jusqu'à ce jour, le mot *Peuple* a reçu tant d'acceptions différentes, c'est que son véritable sens n'a pas toujours été bien compris. Il m'a paru nécessaire de le définir.

Le mot *Peuple* est une dénomination collective pour désigner tous les hommes qui vivent du produit de leur travail et dont l'active industrie profite à tous.

Dès les temps les plus reculés, *le Peuple* était considéré comme la partie la plus utile, la plus vertueuse et par conséquent la plus respectable de la nation.

Plus tard, des castes égoïstes et orgueilleuses prétendirent se distinguer, *en se séparant du peuple*, pour réclamer des priviléges. La contagion du mauvais exemple se répandit, et de jour en jour, le *peuple* compta dans ses rangs un plus grand nombre de déserteurs. Cependant le *Peuple*, ainsi réduit, se trouva être encore la partie la plus nombreuse et la plus utile de la *population.*

Supposez, par abstraction, que le peuple disparaisse un seul jour; que deviendraient ceux qui s'appellent *le beau monde?* — Ils seraient forcés de se faire peuple à leur tour...

Patriciens, noblesse, royauté, en un mot toute prérogative, rebelle à la souveraineté du peuple, est un attentat contre la société, une usurpation tyrannique.

Le peuple ne crée point de priviléges, mais il délègue des fonctions et les dépositaires du pouvoir sont les serviteurs de la patrie, rien de plus.

Abolissez donc les priviléges, et le *peuple* sera la population tout entière et même le genre humain tout entier. L'égalité et la fraternité règneront sur la terre. Alors les droits des peuples seront ce qu'ils étaient au temps des républiques florissantes.

À Rome, à Athènes, on convoquait le peuple à toutes les assemblées où il fallait faire preuve de bon sens et de raison.

C'était le peuple qui choisissait ses représentants et ses magistrats. Toutes les ovations du triomphe, toutes les proscriptions émanaient du peuple.

C'était la volonté du peuple qui décidait : ou la paix, ou la guerre. Enfin c'était toujours à ses bons instincts et à ses sentiments généreux que Démosthènes et Cicéron faisaient appel dans leurs magnifiques harangues.

Le peuple est donc de droit et doit être de fait, le souverain véritable, en dépit de tous les mal intentionnés et de tous les alarmistes de mauvaise foi.

Honnis soient donc les mauvais citoyens qui cherchent à instituer le régime de la peur; ce sont des agents provocateurs de la discorde, car la peur égare les esprits. — Il y a des malfaiteurs, dit-on, il y a des factieux qui désirent l'anarchie... cela est possible. Il y a eu et il y aura malheureusement toujours, des méchants en ce monde; on en a vu sous les mo narchies, on peut en voir sous le Gouvernement de la République. Mais ce n'est pas une raison pour compliquer les embarras en exagérant les difficultés. A quoi bon s'alarmer et alarmer les autres ? Il vaut mieux : *bien agir et se taire*; car, signaler un mal, ce n'est pas y remédier.

Les factions turbulentes rentreront dans le devoir, et le salut de la République est assuré, si la garde nationale, qui est aussi du peuble, ne s'en sépare jamais ; si elle continue à lui prêter main forte pour soutenir la liberté et maintenir le bon ordre. Ses bonnes intentions, du reste, ne doivent pas être suspectées ; elle a déjà donné trop de gages à la cause démocratique pour mettre en doute, un seul instant, son dévouement et son patriotisme.

« La monarchie, écroulée sous le feu des barricades, a laissé « derrière elle des mécontents qui pleurent sur le budget : que « ceux-là restent dans l'isolement (1)! » — Grâce au Ciel! les bons citoyens sont la majorité.

La jeunesse des écoles est enthousiaste et dévouée, comme le peuple dont elle fait partie ; elle ne se passionne que pour les bons principes; elle est animée par tous les généreux sentiments.

— Partout où vous verrez du désordre, d'avance vous pourrez dire : le Peuple et les Étudiants ne sont pas là... Mais on est toujours sûr de les rencontrer partout où il s'agira de combattre l'imposture et les envahissements de la tyrannie.

La puissance du peuple ne peut pas toujours servir de marche-pied à l'ambition des intrigants ; et quand le sang du peuple coule, ce n'est pas pour teindre en pourpre le manteau d'un usurpateur.

Vive la République !

(1) Le général H. Courtais dans son allocution à la garde nationale.

PATRIE.

« Allons, enfants de la patrie...... »

D'où partent ces chants ? Il y a longtemps que ce doux nom de *Patrie* n'avait frappé mon oreille : on ne l'entendait plus dans les campagnes ni dans les villes ; encore moins à la cour.

Pourquoi donc était-il tombé en désuétude ?

— C'est qu'il ne s'associe bien qu'au mot Liberté, et que depuis longtemps on ne parlait plus de la Liberté que pour dire qu'elle gémissait dans les entraves.

Le mot *Patrie*, en latin *Patria*, dérive du mot *Pater ;* il rappelle l'idée de la famille, et ne s'harmonie bien qu'avec la Liberté, l'Égalité et la Fraternité.

Puisque nous sommes en République, ressuscitons l'usage de ce mot divin, *Patrie!* car, il ne faut pas se le dissimuler : quand un mot est le représentant d'une idée, si on oublie *le mot*, c'est bannir l'idée, c'est bannir les sentiments et les devoirs qu'il rappelle.

Au temps des anciennes Républiques, *Patrie* était le premier mot qu'on apprenait aux enfants ; il était l'âme des conversations et le cri de guerre ; il retentissait au théâtre et dans les assemblées du peuple ; on le lisait gravé sur tous les monuments publics ; Rome l'avait reçu d'Athènes et nous l'avait autrefois transmis ; nos aïeux en firent grand usage. Les Francs de la première race le prononçaient souvent dans leurs assemblées au Champ de Mars.

Plus tard, Colbert, qui était un honnête homme, mais premier ministre d'un roi très-puissant, s'imagina que *Royaume* devait être synonyme de *Patrie*. Alors, à son exemple, on employa les mots : *Royaume, État, France, Empire,* comme les équivalents de *Patrie*.

De semblables méprises doivrent être aujourd'hui réformées.

France ne présente à l'esprit d'autre image que celle d'un territoire divisé en provinces ou en départements.

État, c'est une société d'hommes qui vivent sous un gouvarnement quelconque, heureux ou malheureux.

Royaume, Empire peuvent signifier, tour à tour, un roi et des sujets; un tyran et des esclaves.

Donc, sous la domination des rois et des empereurs, on a des états, des royaumes, des empires.... mais pas de Liberté: point de Patrie.

Les Républicains seuls ont une patrie; car la *République* est une puissance qui soumet à ses lois ceux qui commandent, comme ceux qui obéissent.

Les Romains, ces illustres apôtres de la propagande, étaient ıs fiers de la liberté de leur patrie, qu'ils voulurent y associer tous les peuples en renversant tous les trônes de l'Orient et de l Occident.

Pour avoir une idée de la grandeur d'âme des vrais Républicains, écoutez la réponse de Fabricius au roi Pyrrhus, qui cherchait à l'éblouir par ses propositions :

« Gardez votre or, gardez vos honneurs; nous autres Romains, nous sommes tous riches, parce que la Patrie l'est pour nous. Nous sommes tous grands, parce que pour nous élever aux premiers rangs, la Patrie ne nous demande que du mérite. »

Trouverait-on beaucoup de Fabricius, dans les royaumes où les manéges de l'intrigue disposent de tout; où chaque citoyen oublie l'intérêt général pour ne s'occuper que du sien ?

Quand tous les principes sont faussés par l'astuce des gouvernants, le jeune homme, qui embrasse une carrière quelconque, dit qu'il cherche à faire son chemin.

Le soldat dit qu'il est au service du roi.

Dans une République, tout le monde est au service de la patrie, et chacun utilise ses aptitudes au bénéfice de tous.

Il ne faut plus d'opprimés, il ne faut plus d'oppresseurs ! C'est pourquoi, pour un bon citoyen, rien ne doit être plus sacré que la patrie, il ne doit pas avoir d'autres amis que les siens.

La patrie, est le champ où chacun sème et moissonne selon ses besoins et son travail. C'est une terre que tout le monde est intéressé à cultiver et à conserver. Voilà pourquoi il faut y rencontrer l'ordre et la paix, qui sont les premiers éléments du bonheur.

La patrie, est tout à la fois la mère et la nourrice de ses enfants, elle ne se contente pas de donner l'existence, elle assure le bien-être ; elle a pour tous une affection égale.

Il peut y avoir de l'opulence et de la médiocrité dans une République, mais pas de pauvres !...

La misère poussée à l'excès, excite à la révolte et au désespoir ; elle conduit au suicide et à la mendicité qui est la lèpre des nations.

Vive la République ! Mais prenez-y garde, gouvernants et législateurs, sous prétexte d'ordre et de tranquillité publique, il ne faut pas comprimer le noble élan de la liberté, ni étouffer l'enthousiasme du patriotisme.

Et toi, peuple français, peuple de Paris surtout : sois modéré, soits sage ; pardonne à tous tes ennemis ; tu es brave jusqu'à l'héroïsme dans le combat, sois magnanime après la victoire, montre-toi intelligent toujours...

De ta conduite vont désormais dépendre, le salut de la République et les destinées de l'Europe.

A chaque nouvelle, venue des bords de la Seine, les cœurs s'agitent d'un bout de l'occident à l'autre. Chacune de tes victoires est un triomphe pour la démoncratie tant redoutée des tyrans. Tous les peuples se réjouissent de voir la cause de la liberté si vaillamment défendue.

Peuple de Paris, ta mission est sacrée; de grands intérêts te
sont confiés, ne vas pas les compromettre par une intempes-
tive turbulence. Montre-toi digne de la liberté que tu as con-
quise; rallie-toi pour établir l'ordre, et demeure inébranlable-
ment uni sous l'étendard de la République, tant qu'il portera
pour devise : *Liberté, Égalité, Fraternité.*

O peuple de Paris ! soit toujours l'exemple et l'objet de
l'admiration du monde !..

CLUBS.

Sous la domination oppressive du pouvoir déchu, on avait
interdit les clubs. Les partisans de l'exploitation et des priviléges, étant toujours à court de bonnes raisons, faisaient tous
leurs efforts pour empêcher des discussions dangereuses et hos-
tiles à leurs envahissements.

Aujourd'hui les clubs et les associations sont devenus néces-
saires : aussi le Gouvernement provisoire les autorise, car il a
pris à tâche de satisfaire aux besoins les plus pressants du peuple, d'écouter toutes les plaintes et d'exaucer tous les vœux
quand ils sont légitimes.

Tout le monde a le droit d'exposer ses opinions au suffrage ou
à la censure de ses concitoyens. Il faut éclairer le gouvernement
sur la disposition des esprits ; il faut lui prêter main-forte tant
qu'il suivra franchement et intrépidement le programme qu'il
a présenté.

Une ère nouvelle vient de commencer pour la patrie :
il serait beau de prouver que *la royauté*, n'est pas, comme
quelques-uns le prétendent, indispensable au maintien de l'ordre. — Surtout, il ne faut pas compliquer les difficultés de l
situation par des discussions inutiles ou qui pourraient avoi.
pour résultat la guerre entre les citoyens.

Des tendances rétrogrades chercheraient vainement à nous ramener aux erremeuts monarchiques, l'heure de la régénération sociale est arrivée pour nous. La République peut seule désormais établir l'ordre, la liberté, le maintien de tous les droits. Il faudrait être bien aveugle ou bien coupable pour le nier. Il n'y a que des intrigants ou des traîtres qui pourraient oser remettre en question la République proclamée après la victoire de février 1848. Le parti républicain sortirait vainqueur de la lutte, nous en avons la certitude, mais nous désirons qu'on lui épargne ce douloureux triomphe. Le sang des Français est trop généreux et trop pur pour le prodiguer dans des guerres intestines.

Ce serait, du reste, une erreur de croire que le peuple puisse être trompé par l'illusion de nouvelles promesses sans garanties. Il connaît aujourd'hui tous ses droits : il a mis 18 ans à s'instruire à ses dépens. Il ne peut plus se soumettre au joug d'un égoïsme sans pudeur et sans frein.

« Il y a place pour tout le monde sur la terre, et Dieu l'a
« rendue assez féconde pour fournir abondamment aux besoins
« de tous (1). »

Si plusieurs manquent encore du nécessaire, c'est que l'ordre a été troublé; mais il faut prendre patience et attendre du temps les améliorations certaines et les réformes salutaires. Quand l'organisation sociale sera changée, peu à peu l'équilibre s'établira : la fortune sera plus généralement répartie et le contraste de l'opulence extrême et de la misère excessive, cessera d'affliger l'humanité.

« La République française de 1848, doit être un gouverne-
« ment neuf et non une constitution rapiécée ; le morceau en-
« lèverait la pièce et ce serait à recommencer sans cesse (1) ».

(1) Lamenais.
(1) Emile de Girardin.

Il ne faut ni réaction, ni déception.

Effacez donc de vos mémoires, les souvenirs sinistres de 1793.

L'humanité s'avance dans la voie du progrès.

Ce qui a été mal, ne doit plus être.

Tournez les yeux vers l'avenir et non vers le passé. On s'expose à tomber quand on marche en regardant derrière soi.

A quoi bon nous affubler de la défroque de nos ancêtres ?

« Il ne nous reste plus à accomplir que la partie intellec-
« tuelle de l'œuvre, parce que les hommes de la première ré-
« volution en ont pris pour eux la partie funeste. Cette man-
« suétude de mœurs au nom de laquelle nous avons souffert
« qu'on voilât leurs statues, cœurs pusillanimes et ingrats que
« nous étions, ce sont eux qui nous l'ont rendue facile, par les
« obstacles qu'ils ont affrontés à notre place et surmontés pour
« notre compte ; par les combats dont ils nous ont dispensés
« en y périssant. Leurs violences nous ont légué ainsi des
« destinées tranquilles. Ils ont épuisé l'épouvante, épuisé la
« peine de mort ; et la terreur, par son excès même, est deve-
« nue impossible à jamais (1) »

Il faut reconstituer la société, la retirer du cloaque où des hommes pervers l'ont volontairement plongée. Il faut l'arracher des mains immondes et rapaces; en un mot, sauver l'honneur et les intérêts jusqu'à ce jour lâchement sacrifiés.

Or pour cela, que faut-il ? De la vigilance, de grandes et persévérantes protestations contre les abus. Que le peuple élève, de temps en temps, sa voix souveraine pour réclamer ; qu'il dise je veux ! et toute résistance pliera devant lui. Quelle volonté serait assez téméraire pour s'opposer à sa volonté?...

Citoyens, voici venir le jour de l'assemblée nationale : Souvenez-vous que le temps presse et que nous sommes arrivés à l'un de ces moments suprêmes où les événements sont plus forts que les hommes. La fatalité nous entraîne. Et la fa-

(1) Louis-Blanc, dans son *Histoire de la révolution.*

talité c'est l'accomplissement des desseins de la Providence.

Il faut que l'esprit de concorde et de sagesse s'établisse chez un peuple appelé à régler par lui-même ses institutions.

Ne serait-il pas déplorable de voir des récalcitrants jouer a la peur, sous le manteau de la forfanterie, pour nous opposer une résistance stupide ?

Quand le Ciel prend un aspect sinistre ; quand les flots s'agitent, quand la mer mugit, quand le tonnerre gronde , n'est-ce pas folie de vouloir enchaîner l'Océan, de ruser avec la tempête.

ELECTIONS.

Peuple, prends garde d'être étouffé, dans ton berceau de liberté , par des serpents tricolores.

Les favoris du pouvoir déchu et les partisans de son système ont accueilli avec enthousiasme l'avènement de la République, qui leur enlève : leurs titres, leurs priviléges, leurs monopoles, leurs places lucratives, tous leurs honneurs, toutes leurs siné-cures... Ils nous appellent aujourd'hui leurs égaux et leurs frères. Ils sont les plus républicains des Republicains ! A toutes les motions populaires , ils répondent par des motions plus populaires encore.

Qui eût jamais supçonné, à priori, d'aussi subites et d'aussi prodigieuses métamorphoses ? Des aristocrates transformés en patriotes énergumènes !

Oh ! Vive la République ! qui fait que les hommes bénissent jusqu'aux événements qui leur sont préjudiciables.

— Peuple , prends garde d'être étouffé , dans ton berceau de liberté, par des serpents tricolores.

Les *habiles*, n'ont pas encore oublié les leçons du rusé maître qui leur disait :

« Une révolution est un cheval fougueux échappé, si vous
« voulez l'arrêter par la force, il vous entraînera et vous écra-
« sera sous ses pieds, mais, jetez-vous à sa bride et courez
« avec lui, en ralentissant le pas insensiblement, vous le fati-
« guerez, vous en deviendrez maître et vous le ramènerez en-
« suite où vous voudrez. »

Peuple, prends garde d'être étouffé, dans ton berceau de liberté, par des serpents tricolores.

Voici venir le jour des élections : méfions-nous des candidats rebelles à la souveraineté du peuple ; quand il s'agirait de nos droits et du salut de la République, *ils voteraient selon leurs consciences*.

Les représentants du peuple à l'Assemblée nationale, doivent être tous républicains. Changer les choses sans changer les hommes, ce serait un acte d'imprudence et de folie.

Nous ne devons appuyer de nos suffrages, que les candidats dont les antécédents présentent des garanties. Personne ne doit avoir plus de droits à la confiance de la République que ceux qui l'ont désirée et qui ont contribué à l'établir ; personne n'est plus intéressé à la défendre.

Le gouvernement démocratique ne peut plus être mis en question : il serait puéril de voir les vainqueurs se conformer aux décisions des vaincus.

La France a donné son adhésion à la République, le gouvernement provisoire l'a proclamée, il ne s'agit plus maintenant que de l'organiser.

Le programme des élections est d'une latitude illimitée, mais le délai accordé aux électeurs est bien court. Il sera difficile d'être suffisamment éclairé sur le mérite et sur la sincérité des candidats.

La question cependant est des plus graves et des plus sérieuses, puisque nos destinées en dépendent.

Il faudrait donc, conformément aux préceptes de la sagesse, ne pas bâcler les choses, mais *se hâter lentement*. On ne doit pas regretter le temps qu'on emploie à bien faire.

. Mais n'interprétons pas mal une précipitation dictée par le désir empressé d'asseoir nos destinées d'une manière définitive. Le gouvernement provisoire qui représente aujourd'hui l'autorité populaire, ne doit pas abandonner son poste, ni se démettre de ses pouvoirs, avant d'avoir assuré l'avenir de la République. Car il faut que nous puissions dire à la postérité : Les citoyens dévoués qui nous dirigèrent au travers des écueils pendant les jours d'orage, « étaient grands comme le peuple « qu'ils représentaient, forts comme les événements qui les « firent surgir, ils ont bien mérité de la patrie !»

Vive la République !
Vive le gouvernement provisoire !